ILLUMINATION PRÉSENTE

MOI MOCHE ET MÉCHANT 3™

MOI, MOCHE ET MÉCHANT 3 : LE ROMAN DU FILM
UN LIVRE CENTUM 9781911460237
PUBLIÉ EN FRANCE PAR CENTUM BOOKS LTD
PUBLIÉ EN 2017
1 3 5 7 9 10 8 6 4 2

Traduction : Antoine Emeriaud

CENTUM BOOKS LTD, 20 DEVON SQUARE,
NEWTON ABBOT, DEVON, TQ12 2HR, ROYAUME-UNI
BOOKS@CENTUMBOOKSLTD.CO.UK
CENTUM BOOKS LIMITED N° 07641486
IMPRIMÉ EN CHINE

ILLUMINATION PRÉSENTE

MOI MOCHE ET MÉCHANT 3™

Le Roman du Film

Adaptation : Sadie Chesterfield

D'après le scénario du film écrit par

Cinco Paul et Ken Daurio

centum

CHAPITRE 1

Balthazar Bratt observait à la jumelle le pétrolier croisant au loin. Des gardes armés arpentaient le pont en scrutant l'horizon, sans remarquer son bateau. Balthazar se tourna vers Clive, son acolyte robot, et se remémora le parcours qui l'avait amené jusqu'ici.

Il avait fait beaucoup de chemin depuis 1985, l'année où il était l'enfant-star de l'émission de télévision la plus regardée, *Evil Bratt*. Il y jouait le rôle d'un petit prodige malfaisant résolu à dominer le monde. Il était connu pour deux choses : ses bulles de chewing-gum roses et son expression préférée : « J'ai été un vilain garnement ! », qu'il proférait après chacun de ses affreux méfaits.

Balthazar, qui troublait les téléspectateurs du monde entier, devint le jeune acteur le plus célèbre des années 1980. Son visage était affiché partout, sur les boîtes de céréales, sur les panneaux publicitaires… On trouvait des jouets et même des jeux vidéo à son effigie. Pendant des années, on ne pouvait pas voir un seul mug ni un seul pyjama sans tomber sur son sourire malveillant.

Mais la carrière de Balthazar s'est interrompue à la saison trois, à cause d'une brutale poussée de croissance. Il avait grandi et paraissait un peu maladroit. Il combattait toujours ses ennemis, mais il n'était plus ce gosse adorable. Chaque fois qu'il tentait de prononcer sa fameuse expression, sa voix déraillait. L'émission a vite été annulée.

Balthazar frémit en repensant à cette période sombre. Plutôt que de se laisser tomber dans l'oubli, il était devenu obsédé par le personnage qu'il incarnait à la télévision. Il devint bientôt aussi célèbre et aussi méchant qu'Evil Bratt lui-même.

– Tu sais quoi, Clive ? marmonna-t-il en mâchant son chewing-gum. C'était marrant de jouer un méchant à la télé, mais c'est encore mieux d'en être un dans la vraie vie. Musique !

Clive inséra une cassette dans le lecteur du bateau. Une musique douce et mélancolique s'éleva.

– Clive ! cria Balthazar. Qu'est-ce que tu fais ? C'est de la musique de braquage, ça ?

– Oh ! Pardon. Clive éjecta la cassette et la retourna sur la face « Musique de braquage ». La chanson « Bad » de Michael Jackson vrilla les haut-parleurs. Balthazar enfila son équipement de plongée et se jeta à l'eau.

Il nagea sous les vagues, pour refaire surface juste à côté de l'énorme navire. Après avoir esquissé quelques pas de moonwalk sur les flots, il escalada le flanc du bateau. À quelques mètres du pont, il souffla une bulle de chewing-gum et la jeta par-dessus le bastingage. Quelques secondes plus tard, un garde marcha dessus.

– *Pouah !* beugla le garde. Hééé ! Mais !

Le chewing-gum était l'arme secrète de Balthazar Bratt. Alors que le garde soulevait son pied, le chewing-gum doubla de volume. Puis il continua à gonfler, jusqu'à envahir le pont du navire. En quelques secondes, la masse informe, mouvante et rose engloutit les gardes et commença à déborder du bateau.

Balthazar sauta sur le pont, se déplaçant avec aisance au milieu de cette matière collante et agitée, alors que les derniers gardes étaient avalés. Il s'engouffra par une écoutille dans les profondeurs du navire, en quête de son butin.

CHAPITRE 2

Lucy et Gru fendaient les flots dans leurs petits submersibles. Derrière eux, dans un sous-marin miniature, deux Minions, Tony et Steve, traversaient un banc d'algues. Ils étaient en mission de surveillance pour l'Agence Vigilance de Lynx. Depuis que Gru s'était assagi, il gagnait sa vie en capturant des méchants aux quatre coins du monde.

La radio crachota. Ils entendirent le chef de l'AVL, Silas de Lamolefès, qui parlait à quelqu'un.

– Balthazar Bratt ! Saperlipopette ! Le diamant

Dupont est sur ce bateau ! s'exclama-t-il. Je veux tous les agents sur les lieux immédiatement !

Lucy jeta un coup d'œil à son radar en réalisant qu'il parlait d'un pétrolier croisant à proximité. Ils patrouillaient dans l'océan pour intervenir au cas où quelque chose de ce genre se produirait. Gru s'était déjà frotté à Balthazar Bratt auparavant, et il était prêt à en découdre à nouveau.

– Nous sommes déjà sur place, dit Lucy dans son micro. Les agents Grucy sont en approche.

– Oui ! Attends... Quoi ?... Comment tu nous as appelés ? demanda Gru, son mari.

– Grucy. Tu sais, Gru et Lucy, nos deux noms mélangés : Grucy.

– Haha. Ça me plaît, mais pas trop. Ça me plaît pas.

Fonçant à travers l'océan, ils firent surface à quelques brasses de l'énorme navire. Celui-ci était couvert de gomme gluante rose, la signature de Balthazar Bratt. Cela faisait des bulles et coulait par-dessus bord, et il en émanait un gaz toxique semblable à de l'hélium, qui soulevait le pétrolier hors de l'eau. Il commençait à monter vers le ciel. Lucy et Gru aperçurent Balthazar Bratt, en train de grimper les escaliers du pont, le diamant Dupont en main.

– Il s'échappe ! cria Gru.

– C'est ce qu'il croit, répliqua Lucy.

Leurs mini-submersibles se transformèrent en motos nautiques à réaction. Le sous-marin miniature de Tony et Steve en bicyclette à aubes.

– *Yahouuu !* hurlèrent Tony et Steve. Go, go, go !

Lucy mit les gaz à fond, emballant le moteur. Ils fusaient à une vitesse folle, mais le gigantesque bateau planait déjà au-dessus de l'eau, gagnant de l'altitude à chaque seconde.

– Tiens-toi prêt ! cria Lucy alors qu'ils approchaient.

Gru regarda sa femme.

– Prêt à *quoiiiii* ?

Lucy appuya sur un bouton du tableau de bord, qui transforma l'eau en geyser sous leurs motos nautiques. Gru, Tony et Steve furent propulsés dans les airs en direction du bateau. Gru atterrit sur le pont, mais les Minions, plus légers, s'écrasèrent une centaine de mètres plus loin sur une plage touristique.

Gru se relevait tout juste lorsqu'il entendit une voix familière.

– Bonjour Gru, ricana Balthazar. Alors comment ça se passe cette transition ? Qu'est-ce que ça fait de quitter son rôle de plus méchant du monde pour devenir le pire agent du monde ?

– Haha, très drôle, répliqua Gru. Tu devrais faire de la télé. Oh, mais c'est vrai, tu en faisais ! Mais ils t'ont viré.

Balthazar pointa son gigantesque pistolet sur Gru, mais ce dernier lui décocha un coup de poing avant qu'il ait pu tirer. Gru sortit un pistolet encore plus gros. Balthazar le lui arracha des mains et en sortit un plus gros encore.

Gru le projeta loin d'eux. Il fouilla dans sa poche et en ressortit... un pistolet à eau en plastique rose.

– Ho ! Les filles..., dit-il, soupçonnant Agnès et Édith.

Gru aspergea Balthazar, puis lui jeta le pistolet au visage. Il tenta ensuite de le boxer, mais Balthazar esquiva ses coups.

– Combat de danse ! cria Balthazar.

Ils dansèrent en se battant, et se battirent en dansant, encore et encore. Gru saisit sa chance. Il frappa Balthazar sur le nez, l'assommant. Il éclata de rire et s'empara du diamant Dupont.

– Équipe Alpha, appela-t-il dans son micro, le diamant a changé de mains. Venez récupérer le colis.

Quelques minutes plus tard, Gru distingua au loin des hélicoptères se dirigeant vers le navire volant. L'équipe AVL venait à la rescousse plus vite qu'il ne l'espérait. Tout à sa joie, il ne remarqua pas tout de suite que Balthazar se tenait derrière lui, sa Keytar braquée sur sa poitrine. Cette arme était un croisement entre une guitare et un synthétiseur, qui produisait des sons si puissants qu'ils pouvaient mettre un homme à genoux.

– Tu pensais vraiment que j'étais inconscient ? demanda Balthazar. Ça s'appelle jouer la comédie, idiot ! On dirait que je suis toujours doué !

Il éclata de rire en plaquant un accord sur sa Keytar, ce qui envoya une décharge sonore à Gru, tellement intense qu'elle l'expulsa du bateau, alors que ses habits s'effeuillaient un à un. Sa chemise... son pantalon... ses chaussures... ses chaussettes... et même son slip.

C'était un tantinet embarrassant.

Il continuait à tomber, nu comme un ver, vers la mer. Une bulle de chewing-gum amortit sa chute. Ses fesses s'y collèrent, ce qui lui évita de tomber cent mètres de plus vers une mort probable. Gru était suspendu au bateau par un fil de chewing-gum visqueux.

Balthazar Bratt le regarda et partit d'un rire hystérique.

– J'ai été un *vilaiiiiin* garnement ! s'égosilla-t-il.

À cet instant, les hélicoptères de l'AVL fondirent sur le navire. Les agents entourèrent Balthazar.

– Plus un geste ! cria l'un d'eux.

Mais Balthazar sauta prestement par-dessus bord. Il déploya sa combinaison ailée et s'enfuit à tire-d'aile en frôlant l'océan.

– Ce n'est pas fini, Gru ! lança-t-il. Tu m'entends ? Ce n'est pas fini !

– J'ai toujours le diamant ! répliqua Gru. Il le tenait bien fermement, alors que le bateau planait à travers la ville. Il pendait toujours, accroché à son fil de chewing-gum. Le navire passa à côté d'un gratte-ciel. À l'intérieur, des employés célébraient un anniversaire. Quand ils virent Gru, dérivant dans son plus simple appareil, ils le pointèrent du doigt en se moquant de lui.

– Happy birthday to you, happy birthday to you, happy birthday to you *Daaaaaan*, chanta doucement Gru pour lui-même, feignant la normalité. Happy birthday to you !

CHAPITRE 3

Gru engagea la voiture dans le parking de la maison de retraite du Soleil couchant. Les pneus crissèrent lorsqu'il écrasa la pédale de frein.

– Ce qui me met le plus en boule, ce n'est pas qu'il se soit échappé, c'est qu'il en soit si fier !

Lucy sortit de la voiture et entra dans le bâtiment, suivie de Gru, toujours rouge de colère. Elle salua le réceptionniste et ils passèrent devant la salle commune. Deux mannequins coiffés d'une perruque grise étaient assis dans le canapé.

– C'était tellement humiliant, continua Gru, de pendouiller dans les airs dans ce maillot de bain en chewing-gum.

Il souleva la grand-mère mannequin et l'accrocha au portemanteau. Lucy fit de même avec le grand-père mannequin. Puis ils s'assirent sur le canapé. Gru effleura l'accoudoir de la paume.

– Et je n'avais pas eu le temps d'aller à la gym cette semaine ! Et j'avais pris un petit-déjeuner trop copieux, je me sentais ballonné !

Le canapé les propulsa vers les étages supérieurs du bâtiment. Confortablement installés, ils survolaient la ville en direction du dirigeable de l'AVL.

– Tu sais quoi ? Il ne mérite même pas qu'on parle de lui. Je ne vais pas user une goutte de salive de plus à propos de ce type.

Il soupira. Deux secondes plus tard, une idée lui vint.

Dans le lobby du dirigeable, Lucy et Gru passèrent devant un autre réceptionniste.

– Autre chose ! La prochaine fois que je vois ce Balthazar Bratt, je fais du moonwalk sur sa tête d'abruti ! ajouta Gru.

Dans l'auditorium, Silas de Lamolefès était déjà sur scène. C'était un homme énorme, avec un cou qui débordait du col de sa chemise. Le public était composé d'agents de l'AVL.

– C'est avec une grande tristesse que je vous annonce mon remplacement à la tête de l'AVL aujourd'hui même.

Dans la foule, quelques agents poussèrent des cris de surprise. L'un d'eux commença à sangloter.

– Votre nouveau chef vient directement du siège. Elle me remplace immédiatement, déclara Silas. Elle est très talentueuse, très ambitieuse : Mademoiselle Valerie Da Vinci.

Une jeune femme à l'air dur monta sur scène. Elle semblait sûre d'elle et professionnelle. Silas lui sourit, puis continua.

– Je regarde vos visages, et je suis envahi par des souvenirs tellement...

– Bla-bla-bla, coupa Valerie. Nous comprenons. Vous êtes vieux, vous êtes gros, vous avez fait votre temps.

Il disparut par une trappe. Valerie referma la trappe derrière lui.

– Ordre du jour, dit-elle en balayant la foule du regard. Qui d'entre vous, bande de minables, est l'agent Gru ?

Gru se raidit.

– Heu, c'est moi. Mais je ne suis pas sûr que le terme « minables » soit très...

Avant qu'il ait pu finir, son téléphone sonna. C'était les filles. Il le tritura maladroitement, essayant d'arrêter la sonnerie, mais sans succès.

– Hé, cria Valerie. Elle descendit de la scène et se dirigea vers lui.

– Comment avez-vous pu laisser s'échapper

Balthazar Bratt, le méchant le plus recherché par l'AVL ? C'est le contraire de notre métier !

Gru recula d'un pas.

– D'accord, d'accord, oui, il s'est peut-être échappé, dit-il. Encore une fois. Mais il n'a pas eu le diamant ! Et je suis à deux doigts de le coincer. *À deux doigts !*

Valerie l'examina de haut en bas.

– Hmm. Je vois. Vous êtes dessaisi de l'affaire.

Gru jeta un œil de côté vers Lucy, qui paraissait abasourdie.

– Quoi ? demanda Gru. Vous ne pouvez pas faire ça. Consultez mes états de service : j'ai attrapé El Macho.

– Dopplegänger, ajouta Lucy.

– Dopplegänger, répéta Gru.

– Contradictor...

– Contradictor ! dit Gru. Oh la la, ce type n'était

pas commode. Il n'arrêtait pas de se plaindre : « Non, tu m'as pas attrapé ! »

– Moui, intéressant, dit Valerie en posant son doigt sur son menton, semblant réfléchir. Vous savez quoi ? J'ai changé d'avis. Vous n'êtes plus dessaisi de l'affaire.

– C'est vrai ? sourit Gru.

– Non. Vous êtes renvoyé ! hurla-t-elle.

– *Quooooooi* ? dit Gru, peinant à articuler.

Lucy n'en pouvait plus. Pour qui se prenait cette Da Vinci, et de quel droit parlait-elle à Gru sur ce ton, comme s'il était un moins que rien !

– Gru est un très bon agent ! rugit-elle, l'index pointé vers le visage de Valerie. Et si vous le renvoyez, il faudra me renvoyer aussi. Ce n'est pas ce que vous voulez faire, n'est-ce pas ?

Valerie ne répondit même pas. Elle fit un signe à deux agents, qui saisirent Gru et Lucy par le bras et les conduisirent à la porte du dirigeable.

Le réceptionniste leur donna à chacun un paquet et ils furent brutalement jetés dehors.

– Elle l'a fait ! glapit Lucy alors qu'ils tombaient à une vitesse vertigineuse.

Leurs parachutes s'ouvrirent. Cela paraissait irréel. La vie de Gru à l'AVL s'arrêtait-elle pour de bon si tôt après avoir commencé ?

CHAPITRE 4

Lucy et Gru étaient assis sur le perron de leur maison et se regardaient. Ils n'avaient pas envie d'entrer. De l'autre côté de la porte, il y avait la vie réelle : Agnès, Édith et Margo. Elles étaient tellement intelligentes. Il ne leur faudrait pas longtemps avant de suspecter quelque chose.

– Il va falloir qu'on le dise aux filles, dit Lucy.

Gru laissa échapper un profond soupir. Il se tourna vers la porte, et remarqua qu'elle était légèrement entrouverte. Que se passait-il ? Un intrus était-il entré dans la maison ? Gru et Lucy étaient sur le qui-vive. Gru poussa des cris d'oiseau. Lucy envoya quelques signaux d'espion. Pas de réponse.

Ils entrèrent avec précaution. Gru s'attendait à voir débouler les trois filles... mais rien. Le salon était complètement sombre et silencieux. Quelque chose ne tournait pas rond.

– Hello ? finit par appeler Gru, en inspectant la pièce.

L'une des filles arriva en courant derrière eux, et recouvrit la tête de Gru avec un sac. Une autre banda les yeux de Lucy et les poussa tous les deux dans des fauteuils à roulettes. Ils furent précipités à travers la maison et expulsés dans le jardin par la porte de derrière.

Les filles retirèrent le bandeau de Lucy et le sac de Gru, qui découvrirent un banquet illuminé et décoré dans un style hawaïen, sur la terrasse de la cabane en haut de l'arbre. Des loupiotes parsemaient le jardin. Édith filmait leurs réactions avec sa caméra.

– Aloha ! crièrent les filles.

– Ça c'est une surprise, dit Gru.

– Eh bien, vous n'êtes pas encore partis en lune de miel, alors..., expliqua Margo, leur fille aînée.

– Nous vous avons préparé un dîner ! cria Édith. Elle portait le bonnet rose à rayures qu'elle ne quittait jamais. Agnès, la plus petite, courait en rond. Elle sautillait, et sa queue-de-cheval noire voltigeait. Elle était pleine d'enthousiasme, et presque tout ce qu'elle faisait faisait sourire Gru.

– C'est un luau, dit-elle. On a des ananas, des noix de coco et des loukoulélés !

Deux Minions, Dave et Jerry, se mirent à chanter en s'accompagnant de leurs ukulélés. Ils étaient tous deux habillés à l'hawaïenne, avec pagne et soutien-gorge en noix de coco.

– Ya malatika tika, hee ha ! chantaient-ils. Oww oww oww ah ah ah !

Margo et Édith conduisirent Lucy dans la cabane en haut de l'arbre, et l'installèrent à une table dressée pour deux personnes. Gru se hissa à l'aide d'un palan. Une fois installés, Agnès leur servit à chacun un bol contenant une sorte de soupe.

– Mais ça a l'air trop bon pour être mangé, dit Gru en fixant le bol devant lui.

Agnès fronça les sourcils.

– Mais je l'ai préparée rien que pour vous...

Gru enfourna une cuillerée gigantesque, en essayant de conserver son sourire.

– *Hmmmmm*... fit-il en claquant la table. Quelle bonne soupe ! Les oursons en gélatine se marient parfaitement avec la viande.

– Je vais garder ma bouchée dans la bouche, dit Lucy. C'est tellement bon que je ne veux pas l'avaler.

– Comment s'est passée votre journée de travail ? demanda Margo.

Gru et Lucy échangèrent un regard inquiet, puis Gru s'éclaircit la gorge.

– Eh bien, aujourd'hui, Lucy et moi avons été invités... à ne plus travailler à l'AVL.

Les Minions s'arrêtèrent de chanter. Le jardin était silencieux.

– Vous avez été *renvoyés ?*

– Oh, non ! Non, non, non, dit Gru en riant. Oui, conclut-il en devenant soudain sérieux.

– Mais ne t'inquiète pas, intervint Lucy, je suis sûre que nous allons trouver un nouveau travail très rapidement. Un meilleur travail.

Édith, la cadette, fronça le nez.

– Qu'est-ce qui est mieux qu'agents secrets supercools ?

– Je sais, s'écria Agnès, vous pouvez faire des paris en ligne, c'est ce que fait le papa de Katie !

– Oui, tout à fait, nous allons étudier cette piste. Bonne suggestion, dit Gru, tentant de les rassurer. Mais n'allez plus chez Katie...

Le téléphone de Gru sonna. C'était Mel qui appelait. Il n'était pas du tout pressé d'annoncer la nouvelle aux Minions. Il termina son repas aussi doucement qu'humainement possible, puis descendit dans son repaire souterrain.

Lorsqu'il fut sur la scène, la clameur atteint un tel niveau sonore qu'elle lui faisait mal aux oreilles. Une mer de Minions se trouvait face à lui. Ils sautaient sur place et poussaient des cris de joie. Certains sortaient de vieux pistolets et diverses armes.

– *Chhhhhhut* les gars, dit Gru. Je crois que vous ne m'avez pas bien compris. Non, non, non, non, non, ça ne signifie pas que nous allons redevenir des méchants !

Les Minions se figèrent. Ils paraissaient contrariés. Mel, le chef des Minions, s'avança et fixa Gru du regard.

– Pinouf ! cria-t-il, Flaku biko !

Gru soupira.

– D'accord, j'ai compris. Bon, je sais que c'est un peu difficile depuis quelque temps, surtout avec le professeur Néfario qui s'est accidentellement congelé dans la carbonite.

Gru regarda tristement Néfario, emprisonné dans son bloc de glace. Quelques Minions tentaient toujours de le libérer à l'aide d'un marteau-piqueur.

– Mais notre vie criminelle, c'est du passé !

Mel attira l'attention de Gru sur un grand écran qui dominait la scène. Il cliqua sur un bouton de sa télécommande, et quelques images de l'ancienne vie de Gru défilèrent. Le vol de la lune, sa victoire sur Vecteur, une de ses batailles contre El Macho. D'autres images étaient présentées en vis-à-vis : Gru en train de tondre la pelouse, Gru ramassant les crottes de son chien Marcel dans le jardin, Gru débouchant les toilettes avec une ventouse. Sa nouvelle vie paraissait moins excitante. Les Minions avaient un peu raison : il n'était pas fan de la photo de lui en robe de princesse.

– Ahhh, pffft, dit Mel. Looka ! Bueno... pinouf !

Bueno... pinouf ! Bueno... pinouf ! Minions... no le pinouf !!

– Pinouf! Pinouf ! scandèrent les Minions en guise de protestation.

– Les gars, écoutez-moi bien, dit Gru. Lissa me lippo, pomodoro la comquit !

Les Minions explosèrent de rire. Gru ne s'était pas amélioré en Minionais, mais il ne croyait pas sa prononciation si mauvaise.

– Quoi ? Qu'est-ce que j'ai dit ? demanda-t-il. Ce n'est pas « comquit » ? D'accord, pomodoro la kumquat.

Les Minions avaient désormais l'air perplexe.

– Whoa, whoa, ricana Mel. Tudi se comquit para no. No le para yo.

– Ne prends pas ce ton avec moi ! grogna Gru. On ne redevient pas des méchants. Et je ne veux plus entendre parler de ça.

Gru pivota sur ses talons et se dirigea vers la porte. *PFFFFRRRT !!!*

Un énorme son de pet produit par des centaines de bouches s'éleva dans le fond de la salle, suivi d'un autre, puis d'un autre encore. Tous les Minions se moquaient de lui.

– Les gars, si vous n'arrêtez pas ça tout de suite, il y aura des conséquences, prévint Gru.

Mel s'avança, pointant Gru du doigt.

– Aaargh ! Puriquences, mi molo !

Gru le pointa du doigt en retour.

– Ne dis rien que tu pourrais ensuite regretter.

– Nori kaboss, cria Mel, en jetant son chapeau par terre. Noori quitas ! Ciao bello !

– Quoi ? Vous démissionnez ? demanda Gru. Mais Mel se dirigeait déjà vers la porte, suivi de tous les Minions.

– Vous êtes sérieux ?

Ils sortirent, furieux, ignorant Gru. L'un d'eux marcha sur le chapeau de Mel. Quand tous eurent disparu, Gru parcourut le repaire du regard. Il n'était pas habitué à le voir si vide.

FOUMP ! FOUMP !

Les tubes de transport crachèrent Dave et Jerry dans la pièce. Ils portaient toujours leurs costumes hawaïens, pagnes et noix de coco.

– Dave ! Jerry ! s'exclama Gru. Bonne nouvelle, les gars : vous êtes promus. Vous êtes les patrons maintenant, ça marche ? Pas mal !

Dave et Jerry se regardèrent en se demandant s'ils avaient bien entendu. Sans blague !? Dorénavant, *ils* étaient chefs, eux ?

Ils ne voulaient pas laisser à Gru le temps de changer d'avis. Ils retirèrent leurs costumes et exécutèrent un frotti-frotta fesses contre fesses pour fêter l'événement.

– Yipa ! Yipo ! crièrent-ils. Aruba-ruba-ruba-ruba !

Et ils s'éloignèrent tout à leur joie, laissant Gru tout seul. Il regardait la lune par la fenêtre, cette lune qu'il avait lui-même volée peu de temps auparavant. Et si les Minions avaient raison ? Sa vie était-elle devenue trop parfaite ?... Trop ennuyeuse ?

– Hé, Gru, dit Lucy, balayant le repaire du regard. Qu'est-ce que tu fais là ? Dans le noir. Tout seul. Ça va ?

Gru se frotta le front. Il ne savait pas combien de temps s'était écoulé depuis que les Minions étaient partis. Peut-être des heures.

– Oui, oui, ça va, répondit-il. C'est seulement... Je ne sais pas. Je me sens... minable. C'est comme si je n'avais plus de but.

Gru essaya de se détourner, mais Lucy posa une main sur sa joue. Elle savait toujours lui remonter le moral.

– Hé, mon grand, dit-elle. Tu n'es pas un minable.

– Si seulement j'avais pu attraper Balthazar Bratt. J'ai été tellement souvent à deux doigts de le coincer ! Mais maintenant, je n'en aurai plus jamais l'occasion, j'ai été mis au rebut.

– Gru, laisse tomber, dit Lucy, en fixant ses grands yeux marron. Il est temps d'aller de l'avant. Les choses vont s'arranger.

Elle l'embrassa sur la joue. Gru ferma les yeux. Il voulait la croire, mais il n'arrivait pas à se défaire d'une horrible impression. Il était peut-être fini. Il n'allait peut-être plus jamais rien faire qui en vaille la peine.

Balthazar Bratt avait peut-être raison ?

CHAPITRE 5

Le lendemain matin, Gru enfila sa robe de chambre et sortit chercher le journal. Il s'efforçait de garder à l'esprit les mots de Lucy. Les choses allaient s'arranger. Il était temps d'aller de l'avant. Pour qui se prenait Valerie Da Vinci, qui imaginait mettre fin à sa carrière ! Il était bien plus qu'un simple agent secret de l'AVL qui avait sauvé le monde en mettant hors d'état de nuire des méchants les uns après les autres.

Il ouvrit la porte et vit son chien Marcel, occupé à ronger le journal. Il lut le gros titre.

– Non, c'est pas vrai, dit Gru. Le diamant Dupont devait être en sécurité à Paris, dans un musée bien gardé. On lui avait affirmé qu'il était impossible que Balthazar Bratt mette la main dessus.

– Lucy, est-ce que tu as vu..., commença Gru, mais son attention fut détournée.

Agnès avait installé une table sur le trottoir, et Dave et Jerry l'aidaient à vendre toutes ses affaires. Ses jouets, ses livres, un aspirateur, et même quelques poêles et casseroles de la cuisine.

Agnès tendait sa licorne en peluche à une petite fille.

– Elle te console quand tu fais des cauchemars, et elle est très bien pour faire des câlins...

– Non, non, non, Agnès ! s'écria Gru en courant vers elle.

– Alors, tu prends bien soin d'elle, dit Agnès à la petite fille, qui l'emporta.

– Agnès, dit Gru en se penchant vers elle. Qu'est-ce que tu fais ? Tu as vendu ta licorne ?

– Je voulais juste aider, répondit Agnès en haussant les épaules. Comme tu n'as pas de travail... J'en ai tiré deux dollars !

– *Aoooh*, roucoulèrent Dave et Jerry.

Un homme bien habillé s'avança vers eux et s'arrêta devant la table d'Agnès.

– Désolé, mon vieux, la vente est terminée.

– Mais ça ne prendra qu'un...

– Hé, sourcils ! rugit Gru. Tire-toi de ma pelouse.

Mais l'homme restait là à les regarder, comme s'il allait ajouter quelque chose. Gru lui mit l'aspirateur dans les bras, et appuya sur le bouton.

VOOOOUUUM !

L'appareil partit comme une fusée, propulsant l'homme à l'autre bout de la rue. Gru éclata de rire et se tourna vers Agnès.

– Écoute, Agnès, dit-il gentiment. Tu ne dois pas t'inquiéter. On va bien s'en sortir.

Agnès le regarda de ses grands yeux marron.

– C'est vrai ?

– C'est la pure vérité. Allez, remballons ces affaires.

Il se pencha, ramassa un ours en peluche et des poupées qu'Agnès adorait, et les mit dans une boîte. Il s'apprêtait à ranger la maison de poupée lorsqu'il aperçut l'homme qui revenait. Il boitait et était en piteux état, mais il avait le cran de revenir.

– Tu n'as pas saisi ? demanda Gru.

– Aïe, ouille, dit l'homme. Sa jambe était visiblement abîmée. Permettez-moi de me présenter, je m'appelle Fritz et *AÏE* !

Gru baissa les yeux et vit que Marcel était en train de mordre la jambe de l'homme. Mais ça ne l'empêchait pas de continuer.

– Je viens de la part... gentil le chien !... de votre frère jumeau, Dru.

– Quel frère jumeau ? s'étonna Gru.

– Oui, reprit Fritz, il souhaite que vous preniez l'avion pour le rejoindre. Votre père est décédé il y a peu et...

– OK, vous êtes dingue, dit Gru en faisant tournoyer son index sur sa tempe. Je suis désolé, mais mon père est mort quand j'étais bébé, et je n'ai pas de frère. Vous vous êtes trompé de personne.

Gru attrapa une boîte et commença à s'en aller, faisant signe à Agnès et aux Minions de le suivre.

– Vraiment ? demanda Fritz. Et comment expliquez-vous ceci ?

Il tendit une vieille photo toute froissée sous le nez de Gru. On y voyait, sans le moindre doute, la maman de Gru. Elle était un peu plus jeune et avait l'air un peu plus gentille. Elle tenait dans ses bras deux jumeaux. Ils ressemblaient tous les deux à Gru.

Gru arracha la photo des mains de Fritz, n'en croyant pas ses yeux. Était-ce bien lui ? Avait-il vraiment un frère jumeau, dont sa mère ne lui avait jamais parlé ?

CHAPITRE 6

Gru décida de remonter à la source. Lorsqu'il arriva à la somptueuse demeure de sa mère, cette dernière était dans la piscine, pratiquant le dos crawlé sous la houlette de ses moniteurs de plongée les plus séduisants. Elle portait un maillot de bain une pièce, vintage et avantageux, et avait échangé ses lunettes rouges habituelles contre des lunettes de natation.

– *Ahhhhh ! Bellissimo !* roucoula un moniteur aux gros biceps, dont les mains étaient sous l'eau.

Gru pensa qu'il soutenait le dos de sa mère, sans en être absolument sûr.

– Oh, bonjour Gru ! dit-elle, en gloussant comme une écolière.

– Bonjour Maman.

Le moins que l'on pouvait dire, c'est que les relations entre Gru et sa mère avaient toujours été difficiles. Combien de fois une mère pouvait-elle vous dire que vous êtes un minable avant que ça commence à faire mal ?

– C'est important de rester actif quand on approche de ses plus belles années, dit la mère de Gru, alors qu'un autre Apollon crevait la surface à côté d'elle. Ce sont mes moniteurs de plongée, Vincenzo et Paolo ! Ciao, les garçons !

Les moniteurs obéirent et laissèrent Gru et sa mère.

– Alors, qu'est-ce que tu veux ?

Gru regardait sa mère, sans savoir comment poser sa question avec délicatesse.

– Maman, est-ce que j'ai un frère jumeau ? finit-il par lâcher.

La mère de Gru était stupéfaite.

– Comment l'as-tu découvert ? Qui te l'a dit ?

– Quoi ? C'est vrai ? demanda Gru. Tu ne m'as jamais dit que j'avais un frère ! Et tu m'as raconté que Papa était mort de déception quand je suis né !

C'était la vérité. Elle lui avait vraiment dit ça.

Elle lui fit un signe de la main.

– Oui, bon, c'est ce que nous avions convenu.

– Comment ça ? Mais de quoi tu parles ?

La mère de Gru prit la vieille photo des mains de Gru et l'examina. Elle laissa échapper un profond soupir.

– Peu après votre naissance, à toi et ton frère, ton père et moi avons divorcé. Nous avons chacun gardé un enfant. Et nous avons promis de ne plus jamais nous revoir.

Elle froissa la photo et la rendit à Gru.

– De toute évidence, j'ai pioché le mauvais numéro, grommela-t-elle.

Elle se retourna et rentra dans la maison, sans rien ajouter. Gru défroissa la photo, et la repassa avec la main sur sa jambe. Il la regarda à nouveau.

Les garçons étaient absolument identiques. Les mêmes grands yeux marron, le même long nez crochu. Ils portaient la même tenue.

– J'ai un frère, murmura-t-il en absorbant cette idée. J'ai un frère.

Il remit la photo dans sa poche et sourit.

CHAPITRE 7

Pendant que Gru préparait ses bagages pour la Freedonia, les Minions menaient leur propre aventure. Ils traversaient la ville à pied, sous la direction de Mel. Au bout d'un moment, fatigués, affamés et frigorifiés, les Minions se mirent à murmurer et à s'en prendre à leur chef.

Mel cherchait un moyen de contenter sa troupe qui déambulait dans les rues de Los Angeles. Il aperçut un camion-pizza et ordonna aux Minions de le suivre.

– Pizza ! Pizza ! Pizza ! scandèrent-ils en se précipitant vers le camion. Ils envahirent un plateau de cinéma extérieur, franchissant les portes de sécurité sans remarquer les agents de sécurité les interpellant. Ils continuèrent à courir et ne s'arrêtèrent qu'après avoir rejoint le camion-pizza. Ils commencèrent à le dévaliser de toutes ses boîtes.

– Ils sont là ! cria un agent de sécurité. Il appela du renfort, et bientôt, une poignée de vigiles était sur place pour arrêter les Minions.

– Hé, vous ! Plus un geste ! Arrêtez-vous immédiatement !

Les Minions s'éparpillèrent. Quelques douzaines d'entre eux essayèrent de s'échapper en passant par un plateau de tournage. Ils suivirent un long couloir sombre, se dirigeant vers des lumières éblouissantes. Ils bifurquèrent et se retrouvèrent soudain sur scène, sous les feux des projecteurs. Un jury composé de trois célébrités leur faisait face, derrière une table. Ils avaient atterri dans une sorte de télé-crochet !

L'un des juges appuya sur un bouton, et le micro qui se trouvait devant eux s'abaissa à leur hauteur. Un fond musical s'éleva. Leur heure de gloire était venue.

Un Minion poussa Mel en avant. Celui-ci commença à chanter une chanson émouvante de sa comédie musicale préférée, *Les Pirates de Penzance*. Les Minions reprirent tous en chœur alors que des agents de sécurité se précipitaient vers la scène.

– Attrapez-les ! Go ! Go ! Go !

Mais le groupe de Minions était déterminé à faire étal de ses talents. Si Mel avait chanté, pourquoi est-ce qu'ils n'auraient pas le droit, eux, de faire de même ? Ils optèrent pour un French cancan. Comme ils levaient leurs jupes, on pouvait voir que sur leurs fesses étaient dessinés des smileys.

Le public était en délire. Les juges se levèrent, offrant aux Minions une standing ovation, mais les agents de sécurité étaient moins enthousiastes.

– Les mains en l'air ! intimèrent-ils en encerclant la scène.

Le visage de Mel s'assombrit. Il savait que c'était fini, ils étaient pris.

– Uh-oh, marmonna-t-il.

CHAPITRE 8

À travers le hublot du jet privé, Gru contemplait un ciel bleu sans nuages. C'était de bon augure : comme l'avait dit Lucy, les choses allaient s'améliorer. Et plus vite qu'il l'imaginait.

Je me demande à quoi va ressembler Dru, dit Gru en tapotant sa jambe de ses doigts. Peut-être que nous aurons ce pouvoir qu'ont les jumeaux, nous pourrons lire dans les pensées de l'autre. Ce serait plutôt cool, non ?

– Hmm, supercool ! répondit Lucy.

Le parachute situé au sommet de l'avion se déploya d'un seul coup et ils tombèrent en douceur vers le sol. Ils atterrirent sur une île au milieu de l'océan, sur une piste couverte de cochons. Des gros cochons roses qui couinaient et couraient dans tous les sens.

– Youhou ! La Freedonia ! crièrent les filles alors que l'avion roulait vers une belle demeure au toit rose. Les collines qui ondulaient en arrière-plan étaient couvertes de cyprès et d'oliviers.

Les filles descendirent de l'avion en courant. Plusieurs cochons s'approchèrent d'elles en poussant des grognements de bienvenue.

– Bonjour petit cochon ! cria Agnès en poursuivant l'un d'eux.

– Ouah, regardez cette maison ! dit Édith en montrant le manoir. Il était émaillé d'ornements dorés qui étincelaient au soleil. L'allée était bordée de colonnes en marbre blanc, supportant des statues de cochons.

– On dirait un château ! dit Agnès.

Gru traîna toutes les valises hors de l'avion en prenant garde à ne pas se cogner la tête en passant la porte. Foulant la terre ferme, il prit une grande inspiration, pour bien sentir l'air de l'océan... et une odeur infecte.

– Qu'est-ce que c'est que tous ces cochons ?

Fritz apparut à ses côtés.

– C'est l'entreprise familiale, dit-il. La plus grande exploitation porcine de toute la Freedonia !

Un cochon énorme et affreux accourut vers Gru et lui donna des petits coups sur le postérieur.

– Gentil cochon ! essaya Gru. Mais le cochon s'y reprit de plus belle.

– Non ! Pas mes parties intimes !

Gru se mit à courir, le cochon à ses trousses. Ils coururent jusqu'au manoir, et Gru n'osa s'arrêter qu'une fois en sécurité à l'intérieur. Il claqua la porte derrière lui et s'efforça de reprendre son souffle.

La demeure était encore plus impressionnante à l'intérieur. Toute la décoration était sur le thème du cochon. Il y avait deux fauteuils en velours rose avec des groins et des yeux. Des oreilles de cochon ornaient la bibliothèque, et toutes les colonnes et balustrades se terminaient par un cochon sculpté rose. Il y avait même deux statues de cochons dansants en haut des escaliers.

– C'est extraordinaire ! dit Lucy, en admirant la fresque au plafond. C'est comme la chapelle Sixtine, mais avec des cochons.

Ils étaient si occupés à contempler l'architecture somptueuse qu'ils ne remarquèrent pas l'homme qui descendait les escaliers.

– Mon frère !! s'exclama Dru, les bras grands ouverts.

Il était vêtu de blanc de la tête aux pieds, et portait un Borsalino immaculé et des lunettes de soleil. Il souriait, d'un vrai grand sourire, et semblait avoir l'assurance et la personnalité dont Gru avait toujours rêvé.

– Gru ! dit-il en se rapprochant.

– Dru ! dit Gru, ravi. Non seulement il avait un frère, mais ce frère lui ressemblait exactement. Ils étaient le reflet l'un de l'autre.

Soudain, d'un mouvement preste du poignet, Dru ôta son chapeau. Une chevelure dorée tomba en cascade sur ses épaules. Le sourire de Gru s'évanouit. Il ne pouvait pas quitter la chevelure des yeux. Elle était si épaisse... si belle. On aurait dit une chevelure d'ange, ou de top model, ou des garçons qui se moquaient de Gru au parc quand il était petit. Elle était tout simplement... magnifique.

– *Ahhhh !* fit Dru en donnant une accolade à Gru. Mon frère ! Je te tiens dans mes bras ! Je suis tellement heureux !

Gru était mal à l'aise, il ne savait pas quoi faire de ses bras. Dru le serrait si fort que ses pieds ne touchaient plus le sol. Dru attira Gru à lui en le tirant par son écharpe, et pressa sa joue contre la sienne. Gru se tortilla, un peu embarrassé par toute cette affection.

– Après toutes ces années, je te rencontre enfin ! dit Dru.

– Voui, dit Gru, qui se demandait comment il pouvait se dégager.

Dru se retourna, et remarqua Lucy et les filles.

– Oh, mais qui voilà ! Vous devez être la ravissante épouse ! dit-il. Comment mon frère a-t-il pu trouver une aussi jolie femme, lui qui est si chauve ?

Dru frotta le crâne de Gru comme s'il polissait une boule de bowling. Puis il le saisit par les épaules.

– Je rigole ! Qui n'aimerait pas ce mec ? Non mais regardez-le ! Gru faillit esquisser un sourire, mais Dru ajouta : « Mais avec des cheveux, tu serais plus beau. »

À nouveau, Dru éclata de rire et donna des coups de poings taquins dans l'estomac de Gru. Gru faisait des efforts pour paraître calme, et à présent Dru commençait à lui chatouiller les côtés. En vérité, Gru avait très envie de mettre son poing dans la figure de Dru.

– Je vais te chatouiller ! riait Dru. Je vais te cha-touil-ler !

Les filles commencèrent à rire elles aussi.

– Vous devez être mes nièces ! Dru se tourna vers elles. Toi, tu es Agnès, la petite avec de grands yeux. Ça me donne envie de te mettre dans ma poche ! Et toi, Édith. Je parie que tu es une farceuse. Il faudra absolument qu'on fasse des sottises.

– J'ai déjà commencé..., dit Édith. Elle avait scotché un écriteau TAPEZ-MOI dans le dos de Fritz, et Dave et Jerry étaient en train de lui donner des coups de pied dans les tibias.

– Check pour comportement facétieux ! s'exclama Dru, en cognant son poing contre celui d'Édith. Et voici Margo ! Oh, tu es si grande. Tu dois avoir... quinze ans ?

– Elle a douze ans, dit Gru d'un ton sec. Elle fait douze ans. Elle aura toujours douze ans.

– Ton embarras est tordant, s'esclaffa Dru.

Ha, c'est super d'avoir un frère ! Qu'est-ce qu'il peut y avoir de mieux ?

Il donna à nouveau un coup de poing dans le ventre de Gru, pour rire.

– Je ne sais pas, grommela Gru. Ne jamais t'avoir rencontré ?

– J'adore ton sens de l'humour, rétorqua Dru. C'est drôle, car c'est faux !

Lucy dut se rendre compte que Gru s'énervait, car elle s'avança vers eux.

– Dru, cet endroit est incroyable. À chaque porte que l'on franchit, on est genre... *woooowwwooowwooooo !!*

Le visage de Dru devint sérieux.

– Oui, c'est joli. Je crois, enfin. Je ne m'intéresse pas trop aux choses.

Il ouvrit vivement des portes, qui dévoilèrent une rangée de voitures de luxe.

– Cooool, dit Édith. Ouah, il a même un hélicoptère !

Gru ne put pas se retenir de regarder. Il y avait vraiment un hélicoptère rouge colossal et flambant neuf garé à côté d'une voiture hors de prix.

– C'est merveilleux ! dit Agnès, en sautant dans tous les sens.

Gru ralentit l'allure pour marcher aux côtés de Lucy. Ils laissèrent les filles filer devant avec Dru.

– Oui, c'est merveilleux, parvint à dire Gru. Bon, rentrons à la maison.

– À la maison ? Mais pourquoi ? demanda Lucy.

– Je ne sais pas, ce type, avec ce manoir, ces voitures et... tous ces cheveux, maugréa Gru. Des cheveux soyeux, lisses, superbes. Je me sens pire qu'avant de venir ici.

Lucy lui fit un signe de tête affectueux. Il était évident que Gru se sentait déprécié par rapport à Dru. Ces voitures de luxe, cette demeure gigantesque, ce jet privé... juste après avoir perdu leur travail au sein de l'AVL. La pauvre Agnès avait même vendu ses affaires dans la rue.

Mais ils étaient là, et Dru faisait partie de la famille, non ? Comment pourraient-ils soudainement s'en aller ?

– C'est ton frère, Gru, dit Lucy comme si cela réglait le problème. Donne-lui une chance.

CHAPITRE 9

Gru et Dru faisaient une petite promenade dans le domaine, derrière le manoir. Ils suivaient Dave et Jerry, qui se précipitaient sur tous les cochons qu'ils voyaient et rentraient dans leur groin.

– *Ooooo*, piggy, piggy ! cria Dave à un porcelet.

Fritz avait emmené Lucy et les filles visiter la Freedonia pour que Gru et Dru puissent passer un peu de temps tous les deux. Les deux frères baguenaudaient donc en bavardant. Gru était tellement mal à l'aise qu'il rêvait de s'enfuir en chevauchant l'un des cochons vers le soleil couchant.

– Alors, comment ça se passe pour toi, au niveau boulot ? demanda Dru.

Gru sourit aussi largement qu'il put.

– *Ahhaaaaa*... super. Au top. Ça ne peut pas aller mieux.

– Eh bien, j'ai quelque chose qui va t'intéresser, je crois. Prépare-toi à une surprise, frérot, dit Dru.

Dru s'arrêta devant une statue de cochon. Il fourra son index dans le groin de l'animal en pierre et une télécommande surgit. Il tapa un code et saisit la main de Gru. Sous leurs pieds, le sol descendit de quelques centimètres. Dru semblait déçu, comme si quelque chose d'autre était censé se produire.

Il sauta sur place, piétinant violemment le sol. Une trappe finit par s'ouvrir. Gru et Dru chutèrent sous terre.

– *Aaaahhhhhhh !* cria Gru, l'estomac retourné. *Whaaaaaaaaaaa !*

Les Minions plongèrent à leur suite sur le dos de leur nouvel ami, un cochon énorme, et serrant dans leurs bras le petit porcelet. Ils dégringolèrent de plusieurs dizaines de mètres, jusqu'à ce qu'un ventilateur géant amortisse leur chute en douceur. Dru plana un moment, puis atterrit avec grâce. Gru s'écrasa sur la tête.

Tonk ! Brouf !

Dave et Jerry n'étaient pas loin derrière. Dave tendit les bras et réceptionna le porcelet in extremis Jerry s'apprêta à amortir le cochon, et fut écrasé.

– Le salami ! cria Dave.

– Viens, par ici, dit Dru en faisant signe à Gru.

Ils marchèrent à grandes enjambées le long d'un couloir bordé de statues représentant tous les méchants de la famille. Dru passa le bras autour des épaules de son frère.

– Qu'est-ce que c'est, tout ça ? demanda Gru, en remarquant une statue qui lui ressemblait beaucoup, mais avec 15 centimètres de moins.

– L'exploitation porcine n'est qu'une couverture pour l'entreprise familiale, dit Dru.

– Haha ! Dave montra la statue d'une méchante. C'est Gru con boobs !

Dru s'arrêta devant la porte qui barrait le bout du couloir.

– Attention les yeux !...

Il appuya sur un bouton et la porte s'ouvrit, dévoilant l'un des repaires les plus sophistiqués que Gru ait jamais vus. Il y avait des dizaines d'ordinateurs ultramodernes, des hologrammes, des armes et d'autres gadgets.

– Le repaire de papa ! Ta-da !

– Wow wow wow, une minute..., dit Gru en peinant à réaliser. Tu veux dire que notre père était un méchant ?

– Pas juste « un méchant », répondit Dru. L'un des plus grands méchants de tous les temps !

Gru se retourna et examina un portrait à l'huile d'un homme qui avait le même visage que lui. Ils partageaient tant de similitudes : mêmes yeux, même long nez crochu... Et contrairement à Dru, leur père était chauve, lui aussi.

– C'est lui ? demanda Gru. C'est notre père ?

– Il était tellement fier de toi, dit Dru. Et du super-méchant que tu étais.

– Ah bon ? dit Gru, surpris.

Dru hocha de la tête.

– Mais de moi... pas trop. Dru regarda avec nostalgie le portrait. Pour Papa, j'étais juste un minable. Il a toujours pensé que je n'avais pas l'étoffe d'un méchant.

Dru s'interrompit un instant et regarda son frère.

– Mais maintenant, tu peux m'aider à lui donner tort. Frérot, apprends-moi l'art de la criminalité !

Dru s'inclina vers Gru et leva un sourcil.

– Non. Non, non, non, dit Gru. Je ne peux pas faire ça.

– Quoi ? Mais c'est notre tradition familiale ! Tu ne peux pas refuser !

Gru secoua la tête.

– Écoute, je suis désolé, mais j'ai changé de vie. Point final.

Dru laissa échapper un profond soupir. Ses épaules s'affalèrent. Gru ne l'avait jamais vu aussi contrarié.

– Bon, d'accord. Je comprends, dit Dru tristement. Il se tourna vers un levier au mur.

– *Hmmm...* Je me demande à quoi ça sert ?

Il tira sur le levier et le sol s'ouvrit. Dave, Jerry et les cochons disparurent. Un extraordinaire véhicule de méchant, la fusion d'une Lamborghini et d'un vaisseau spatial, surgit. Il était doré, avec deux sièges en cuir rouge et un turbo-blaster à l'arrière. Dave, Jerry et les cochons étaient entassés à l'intérieur.

Gru s'approcha, stupéfait.

– La voiture de Papa. Plutôt stylée, hein ? dit Dru, puis il chuchota à l'oreille de Gru. Tu veux pas faire un petit tour ? Pour le fun ?

Dru s'allongea sur le capot de l'engin. Il sourit de son sourire le plus fourbe.

Gru le regarda, puis regarda la voiture, puis de nouveau Dru.

– *Hmmmmm...*, songea Gru, soupesant les choses. Juste un petit tour de quelques minutes, il n'y avait rien de mal à ça, n'est-ce pas ?

CHAPITRE 10

Leur petit numéro de télé-crochet coûta aux Minions leur liberté. Ils avaient été promptement encerclés et jetés en prison avec des criminels endurcis.

Mais les Minions étaient encore plus durs que ces durs à cuire. Mel faisait la loi et devenait enfin le méchant qu'il avait toujours rêvé d'être. Les Minions faisaient des batailles de nourriture. Ils fouettaient les autres prisonniers avec des serviettes humides quand ils prenaient leur douche. Mais, aussi puissant, craint et respecté qu'il soit devenu, Mel sentait une déchirure dans son cœur. Il lui manquait quelque chose. Gru.

Un jour, alors qu'il mangeait sa purée, Mel dessina Gru dans son assiette. Il contemplait l'image de son ancien chef, qui lui manquait douloureusement.

Mel décida de retrouver Gru, même si celui-ci n'était plus vraiment un méchant. Mel élabora un plan...

Autrefois, Gru était un super-méchant.
Mais il est devenu super-espion pour le
compte de l'Agence Vigilance de Lynx (l'AVL).

Malheureusement, cela ne dure pas. Après avoir malencontreusement laissé s'échapper Balthazar Bratt, Gru et sa femme Lucy sont renvoyés par Valerie Da Vinci, la nouvelle patronne de l'AVL.

À la maison, Margo, Édith et Agnès les accueillent avec une surprise : un luau, une fête hawaïenne qu'elles ont organisée pour leur lune de miel.

Deux Minions, Dave et Jerry, jouent de l'ukulélé. Mais les Minions eux-mêmes sont contrariés par le licenciement de Gru et Lucy.

Agnès s'inquiète pour ses parents. Elle décide de vendre ses jouets préférés dans la rue. Elle se sépare même sa licorne en peluche, qu'un voisin achète pour deux dollars.

Alors que les choses se présentent vraiment mal pour Gru, il découvre qu'il a un frère jumeau secret, qui s'appelle Dru ! Dru invite Gru à lui rendre visite en Freedonia, et toute la famille s'embarque dans un périple en jet privé, qui les mène à la somptueuse demeure de Dru.

Il se trouve que Dru rêve d'être un super-méchant, exactement comme Gru auparavant !

Dru vole deux sucettes, déclenchant une poursuite à haute vitesse avec la police freedonienne, qui cavale à leurs trousses à dos de cochon.

Cette course folle les ramène chez Dru, où les frères jumeaux, accompagnés des Minions (et de leurs cochons), pénètrent par une trappe dans un repaire secret.

Qu'y a-t-il donc à l'intérieur ?

Pendant ce temps, Agnès a repéré un pub : la Licorne Éméchée. Elle y entraîne Édith, et un homme leur apprend que les licornes *existent pour de vrai*, et qu'Agnès peut en trouver une dans la Forêt tordue !

Le rêve d'Agnès va-t-il enfin se réaliser ?

CHAPITRE 11

Bienvenue au Festival annuel du fromage de Freedonia ! proclama Fritz.

La place du village grouillait de monde. Un homme lançait des poignards en fromage vers une femme accrochée à une roue qui tournait. Un autre villageois jetait des cerceaux colorés sur des bouteilles. Une file de gens passa devant Lucy et les filles en chantant une chanson qu'elles ne connaissaient pas.

Agnès et Édith se ruèrent vers un stand au bord de la route, où un homme vendait des sucettes géantes, des barres chocolatées et des caramels enveloppés dans du papier brillant. Édith attrapa une sucette et l'agita en l'air.

– Lucy, est-ce qu'on peut en avoir ?

– D'accord, mais une seule chacune. Et pas de discussion, dit Lucy en sortant son porte-monnaie. Elle marqua une pause, puis finit par tendre aux filles une liasse de billets. Oh et puis... prenez-en autant que vous voulez, je m'en fiche !

– Ouaaaiiiiis ! crièrent les filles. Elles coururent jusqu'au stand et achetèrent des poignées de bonbons.

Margo soupira.

– Quoi ? demanda Lucy.

– Tu peux leur dire non des fois, tu sais, répondit Margo. Les mamans doivent être sévères.

Lucy hocha la tête.

– OK, sévère. Je peux le faire. Tu sais, je suis encore débutante comme maman. Je fais mes premières armes !

Agnès repéra une licorne devant un magasin. Ce n'était pas exactement un magasin. C'était un pub, La Licorne Éméchée. Mais cela ne faisait ni chaud ni froid à Agnès.

– Une licorne ! s'écria-t-elle. On peut y aller ? S'il te plaît s'il te plaît s'il te plaît ? *S'il te plaît* ???

Lucy examina l'établissement. Soudain, les portes s'ouvrirent violemment, et deux hommes baraqués atterrirent dans la rue en se battant.

– Heu, oui..., dit Lucy. Mais d'abord, heu... *ooh*, regarde ! Une danse traditionnelle freedonienne ! Comme c'est intéressant !

Un peu plus loin, des garçons et des filles de l'âge de Margo étaient habillés en costumes traditionnels. Chacun des garçons tenait un plateau avec des morceaux de fromage. Une par une, les filles s'approchaient d'un garçon et mordaient un bout de fromage, sous les applaudissements de la foule. Le couple ainsi formé s'en allait main dans la main.

– Oh non, regardez ce pauvre petit gars, dit

Lucy en désignant un garçon qui restait tout seul sur la scène. Avec ses petites bottes. Personne ne l'a choisi. Margo, pourquoi tu n'y vas pas ?

– Aucune chance ! répliqua Margo en reculant.

– Comme tu veux, convint Lucy. Puis elle réalisa que c'était une bonne occasion de faire preuve de fermeté. Les mamans doivent être sévères.

– Non. Tu vas aller prendre une bouchée de ce fromage, jeune fille. Tout de suite.

– Quoi ? Margo écarquilla les yeux.

– Allez, vas-y, dit Lucy. Qu'est-ce qui peut t'arriver de mal ?

Margo regarda le petit garçon sur la scène et soupira. Lucy avait raison, il avait l'air malheureux. Elle monta les marches en traînant les pieds et se présenta. Il lui dit qu'il s'appelait Niko. Elle mordit une bouchée de son fromage.

– Hmmm..., dit-elle en mâchant.

– Oui, oui, oui ! s'exclama Niko. Merci Margo !

Youhouuu ! Margo, grâce à toi je suis le plus heureux de toute la Freedonia !

La famille de Niko s'attroupa autour de lui en poussant des cris de joie.

– *Yes !* cria Lucy. Je suis une super-maman ! Vous avez vu les filles ?

Personne ne répondit. Édith et Agnès avaient disparu. Lucy balaya les environs du regard. Elles n'étaient nulle part.

– Oh non, dit Lucy qui commençait à paniquer. Agnès ! Édith !

CHAPITRE 12

Regarde ! cria Agnès en traversant le pub en courant. Elle montrait une corne accrochée au mur. Une corne de licorne ! Mon petit cerveau va exploser !

Édith leva les yeux au ciel.

– Laisse tomber, Agnès. C'est une fausse.

Agnès examina la corne, son sourire s'était évanoui.

– *Ohhhh*, c'est une vraie de vraie, dit une voix derrière eux.

Un homme de forte carrure plaça une boisson devant un client, puis se pencha au-dessus du bar, souriant aux filles.

– Cette corne provient de la Forêt tordue. C'est le seul endroit sur terre où vivent encore des licornes.

Un couple assis à l'une des tables commença à rire. Un homme ricanait tout en lançant des fléchettes. Il semblait que tous les villageois connaissaient cette histoire.

– Allez-y, riez ! dit le barman. Riez, tous autant que vous êtes ! Ils pensent tous que je suis fou. Mais je vais vous dire : j'en ai vu une, une fois. De mes propres yeux !

Agnès fixait l'homme, complètement fascinée.

– Attendez, attendez..., dit-elle. Vous dites que vous avez vu une vraie licorne, vivante ? À quoi elle ressemblait ? Vous l'avez caressée ? Est-ce qu'elle sentait les bonbons ? Est-ce que ses poils étaient doux ?

– Tellement doux que j'ai cru que j'allais mourir, dit le barman.

– Est-ce que vous pensez que je pourrais en trouver une, moi aussi ? demanda Agnès.

L'homme hocha la tête.

– On raconte que si une jeune fille au cœur pur

s'aventure dans la Forêt tordue, la licorne viendra... et sera à elle pour toujours.

Agnès ne tenait plus en place. Une vraie licorne vivante qu'elle pourrait apprivoiser et ramener à la maison ? Elle poussa un cri d'excitation qui envahit tout le pub.

C'est alors que Lucy fit valser les portes d'un grand coup de pied. Elle fendit la foule en donnant des coups de poing et des coups de pied. Un homme barbu et rondouillard reçut sa botte en plein visage. Elle expédia un autre client dans un jeu d'arcade, puis souleva une table et la fracassa sur la tête de deux villageois. Ensuite, elle saisit les poignées du baby-foot et les flanqua dans le ventre d'un autre.

– But ! cria-t-elle.

Elle était si remontée qu'il lui fallut un instant pour se rappeler où elle se trouvait. Elle aperçut Agnès et Édith de l'autre côté de la pièce.

– Ne vous en faites pas les filles, je suis là !

Elle attrapa Agnès et la serra contre sa poitrine.

– Ça va ? demanda-t-elle.

– Nous, ça va... *mais toi* ? Édith regardait Lucy comme si elle était folle.

Agnès sourit à sa mère.

– Les licornes existent pour de vrai ! Et je vais en trouver une !! dit-elle en montrant la corne de licorne accrochée au mur du pub.

Agnès sortit du pub en courant et en criant d'excitation. Lucy prit la main d'Édith et réalisa soudain les dégâts qu'elle avait causés. Des gens mal en point étaient éparpillés un peu partout. Un homme sanglotait bruyamment, le visage dans ses mains.

– Désolée, je me suis un peu laissée emporter par mon instinct maternel protecteur, dit-elle en reculant vers la porte. Vous savez, j'ai entendu un cri, et... enfin, bon. Bonne fin de journée !

Elle sourit et agita la main, s'efforçant d'être aussi enjouée que possible. Elles sortirent rapidement pour retrouver Fritz.

CHAPITRE 13

De zéro à quatre cents à l'heure en trois secondes ! hurla Dru pour couvrir le son du moteur. Elle peut résister à une explosion nucléaire et elle est armée jusqu'aux dents !

Il appuya sur un bouton du tableau de bord et une douzaine de canons, de bombes et de pointes jaillirent de la voiture. Gru les contemplait avec une stupeur mêlée d'émerveillement.

– OK, c'est plutôt cool, dit Gru. Il pouvait à peine bouger. Ils filaient à une telle allure que son corps était collé au siège, et ses joues tirées vers l'arrière par l'accélération. Dru prit un virage et ils se trouvèrent face à un tracteur. Pour l'éviter, ils défoncèrent une barrière de sécurité et furent propulsés du haut d'une falaise. Ils étaient en chute libre au-dessus de l'océan.

– *Ahhhh !!* cria Gru, qui voyait défiler sa vie devant ses yeux. En train de border Agnès dans son lit, les petits chats marionnettes, les filles dansant en tutu. Lucy.

Dru appuya sur un autre bouton. Deux grappins furent éjectés à l'avant de la voiture, suivis de spirales de câble métallique. Ils se plantèrent dans la falaise, la voiture décrivit un mouvement de balancier et les pneus heurtèrent le rocher. Dru écrasa l'accélérateur et l'engin fonça à la verticale, escaladant la falaise. En un clin d'œil, ils étaient de nouveau sur la route.

– Au secours ! cria Gru, les yeux à moitié ouverts.

Dru ne sembla pas remarquer. Il poursuivit sans ralentir jusqu'aux abords du village. La voiture s'arrêta dans un crissement de pneus.

– Attends-moi ici ! dit Dru en sautant hors de la voiture.

Il courut jusqu'à une confiserie ambulante garée au bord de la route. Sur la porte, un écriteau mentionnait FERMÉ POUR CAUSE DE FESTIVAL DU FROMAGE. Dru crocheta la serrure et entra. Quelques secondes plus tard, l'alarme retentit et Dru sortit avec deux énormes sucettes. Il poussa Gru vers le siège conducteur.

– Tu as juste volé des sucettes ? demanda Gru.

– Oui ! répondit Dru avec entrain.

– Ça fait beaucoup d'efforts pour deux sucettes.

– Mais ce sont les meilleures de toute la Freedonia ! s'exclama Dru en en fourrant une dans la bouche de Gru.

Des sirènes s'élevaient au loin. Gru suçait tranquillement sa sucette.

– La police ! cria Dru en lui donnant un coup de coude. Qu'est-ce qu'on fait ?

Gru enfonça l'accélérateur et la voiture partit à toute allure. Les policiers étaient derrière eux, tous gyrophares clignotants, mais Gru conduisait si vite qu'ils ne pouvaient pas suivre. Il riait et riait, se rappelant à quel point c'était bon d'être méchant.

– La police va nous rattraper ! Je ne me sens pas bien ! dit Dru en pleine panique.

Gru continua à rouler et soudain, un troupeau de cochons leur barra la route. Gru écrasa les freins et la voiture partit en dérapage. Ils s'immobilisèrent à quelques centimètres de la tête d'une des bêtes. Deux motards freedoniens approchaient à vive allure.

– Les flics ! cria Dru.

Gru appuya sur un bouton et la voiture s'éleva, laissant passer les motos en dessous. Elles foncèrent dans le troupeau et furent projetées dans les airs, alors que les policiers s'envolaient dans une autre direction. Gru fit redescendre la voiture et ils poursuivirent leur route.

Mais en regardant dans le rétroviseur, Gru constata que la police était toujours à leurs trousses. À présent, ils chevauchaient des cochons.

Un aveugle traversa la route juste devant eux. S'ils s'arrêtaient, ils étaient cuits.

Gru appuya sur un autre bouton et la voiture poursuivit son chemin en creusant la terre. Ils traversèrent les remparts de la ville et refirent surface avant de plonger vers l'océan. Sous l'eau, la voiture se transforma en sous-marin. Gru continua, pied au plancher, jusqu'à ce qu'il soit sûr d'être en sécurité.

– Ouah, ça c'était dingue ! s'esclaffa Dru. On était à un cheveu de se faire pincer !

– M'en parle pas, dit Gru. J'ai cru que tu allais faire pipi dans ton pantalon.

– C'est ce que j'ai fait ! dit Dru en riant.

Poursuivant leur trajet sous l'eau, Dru guida Gru vers une plage proche de son manoir. Ils mirent pied à terre et essorèrent leurs vêtements. Dru les suspendit sur une corde à linge toute proche et Gru s'étendit au soleil. Il y avait longtemps qu'il ne s'était pas senti aussi bien.

– Regarde les choses en face, dit Dru. La criminalité coule dans tes veines. Tu ne vas pas me dire que tu n'es pas en manque d'exaltation... Un tout petit peu ?

– Heu..., répondit Gru, sans pouvoir s'empêcher de sourire. Peut-être un peu.

Dru s'étendit à côté de son frère, les mains derrière la tête.

– Tu as maintenant l'occasion de revenir au sommet, ajouta Dru. Retrouve ta niaque. Redeviens Gru ! Ce serait formidable, non ? Allez, s'il te plaît, juste un braquage. Il doit bien y avoir quelque chose, quelque part, que tu as envie de voler.

Gru ferma les yeux. Il s'imagina devant une foule en délire, brandissant le diamant Dupont. Valerie Da Vinci viendrait lui dire à quel point elle avait été impolie, tellement impolie, et aussi tellement injuste. Lucy le regarderait avec admiration et Balthazar Bratt serait prisonnier d'un piège en chewing-gum, pleurnichant sur son sort et souffrant atrocement du fait que Gru se soit montré plus malin que lui.

– *Hmmmm*..., dit Gru. C'est tentant. Et si nous volions le plus gros diamant du monde ?

– Oui ! J'adore ! s'enthousiasma Dru. Oh, merci frérot ! Merci du fond du cœur !

Ils coururent vers l'océan en dansant. Ils sautaient en l'air et se prenaient dans les bras au milieu des vagues s'échouant sur la plage.

– Hé ! Tu sais quoi ? demanda Dru. Il faut fêter ça.

Gru contempla l'épaisse crinière blonde de Dru et sourit.

– *Ohhh*, dit-il, je crois que j'ai une idée...

CHAPITRE 14

Gru et Dru entrèrent à grands pas dans la salle à manger, en s'efforçant de garder leur sérieux. Gru pouvait à peine regarder son frère. Dru portait un faux crâne chauve, ainsi que la veste noire et l'écharpe rayée de Gru. Gru était habillé à la manière de Dru, tout en blanc, avec une perruque blonde qui n'arrêtait pas de lui glisser sur les yeux.

– Nous voilà ! annonça Gru, en regardant Lucy et les filles, assises à table avec Fritz et Marcel.

Comment ça va ? dit Dru en s'appliquant à imiter la voix de Gru. C'est moi, Gru !

Les deux frères s'installèrent à table. Lucy et les filles n'avaient pas l'air de trouver ça drôle, mais ils ne s'arrêtèrent pas pour autant.

– Alors, qu'est-ce qu'on mange? demanda Dru. Je ne vais sûrement pas aimer ça, je suis tellement grognon tout le temps !

– Hé ! Moi je ris beaucoup ! dit Gru. Et je suis un peu idiot !

Gru et Dru se jetaient des coups d'œil de côté. Ils n'en pouvaient plus. Ils éclatèrent de rire.

– Haha ! s'esclaffa Dru. Elles n'y ont vu que du feu !

Gru retira sa perruque.

– Coucou, c'est moi, Gru !

Dru retira son faux crâne chauve.

– Et moi je suis Dru. On a échangé nos rôles !

Margo et Lucy n'avaient pas l'air impressionnées. Lucy esquissa tout de même un petit sourire.

– Ça fait plaisir de voir que vous vous entendez bien tous les deux, dit Lucy.

– Ha, ça, on s'entend, commença Gru.

– Vraiment bien, termina Dru.

Les frères se tournèrent l'un vers l'autre.

– Attends, dit Gru. On...

– vient juste

– de finir

– la phrase

– de l'autre ? conclurent-ils ensemble.

– Bravo, c'est adorable, dit Lucy. Pas du tout effrayant. Mais vous allez arrêter de faire ça, n'est-ce pas ?

– Pardon, dit Gru. C'est un truc de jumeaux.

– Alors, qu'est-ce que vous avez fait aujourd'hui, tous les deux ?

– Rien ! répondirent-ils à l'unisson.

Lucy les scruta du regard. Il se passait quelque chose... mais quoi ?

– J'ai fini ! dit Agnès, interrompant la conversation. Elle sauta de sa chaise et monta les escaliers vers la chambre d'amis.

– Pardon ! Libérez le passage ! Bonne nuit tout le monde !

Elle passa en trombe devant Fritz, qui faillit faire tomber son assiette de poisson.

– Doucement ! dit Gru. Qu'est-ce que c'est que cette précipitation ?

– Il faut que j'aille me coucher pour pouvoir me réveiller et trouver une licorne, dit Agnès. Bonne nuit !

Gru la regarda partir, perplexe.

– Agnès croit qu'elle va trouver une vraie licorne dans les bois demain, expliqua Édith. Elle déraille complètement.

Lucy secoua la tête.

– Quelqu'un doit lui dire la vérité... je passe mon tour !

Toute la tablée se tourna vers Gru. Ce n'était peut-être pas juste, mais il était l'homme de la situation. Qui d'autre saurait mieux se faire entendre d'Agnès ?

– Pas de souci, dit Gru avant de monter rejoindre Agnès. Éducation, leçon 1. Je suis sur le coup.

Lorsqu'il entra dans la chambre d'amis, Agnès était en train de faire sa prière.

– *Hmmm...*, dit-elle. Et s'il vous plaît, faites que quand je trouverai la licorne, elle voudra bien venir à la maison avec moi. Et dormir dans ma chambre. Et que je pourrai aller à l'école sur son dos tous les jours. Et utiliser ses pouvoirs magiques pour faire mes maths. Amen.

– Eh bien... une grande journée s'annonce demain, dit Gru.

– Je vais enfin voir une licorne, pour de vrai, dit Agnès. Si j'en vois une, est-ce que je pourrai la ramener à la maison, s'il te plaît ?

– Il faut que je te dise, dit Gru en choisissant ses mots avec soin. Toutes les licornes que tu trouves, tu peux les ramener à la maison. Il va falloir que je construise un grand enclos, hein ? Mais tu sais, il est possible que tu n'en trouves pas.

– Hein ? dit Agnès en fronçant les sourcils.

– Elles sont difficiles à trouver... et aussi..., Gru essayait de trouver les mots justes. Peut-être qu'en vrai, les licornes n'ex—

Le sourire d'Agnès s'évanouit. Elle fixait Gru intensément, redoutant ce qu'il allait dire.

– ... n'explorent pas vraiment cette région du monde, termina Gru.

– Mais le monsieur a dit qu'une jeune fille pouvait en trouver une si elle avait le cœur pur, répliqua Agnès, en remontant les couvertures sous son menton. J'ai le cœur pur, pas vrai ?

Le cœur de Gru enfla.

– Le plus pur, dit-il en souriant.

– On peut s'arrêter de parler ? demanda Agnès. Il faut que je dorme.

Agnès se retourna et commença à chantonner pour elle-même.

Évidemment, Gru n'avait pas vraiment dit la vérité. Mais qu'est-ce qu'il aurait dû dire ? Non, Agnès, tes rêves ne se réaliseront jamais ? Arrête d'espérer rencontrer une licorne, ça n'arrivera jamais. Jamais.

Non, Gru ne pouvait pas dire cela. Il avait été méchant autrefois, mais il ne pourrait jamais faire de mal à Agnès. Il se retourna et tomba de l'immense échelle du lit, puis se releva en trébuchant.

CHAPITRE 15

Gru se tenait devant le tableau noir ultramoderne de Dru, sur lequel était dessiné un schéma du repaire de Balthazar Bratt. Il s'agissait d'une pyramide étroite plantée au milieu de l'océan et surmontée d'un Rubik's Cube géant. Gru y était déjà allé, et il se souvenait de la tour et de quelques-unes des armes dont elle était équipée. Dru était assis derrière lui et sirotait un café dans un mug « Frère n°1 ». De temps en temps, il levait la main pour que Fritz vienne le resservir.

– OK, dit Gru, en tapotant la craie sur le tableau.

Ça, c'est le repaire de Balthazar. Ça n'a l'air de rien, mais cet endroit recèle un arsenal des plus sophistiqués. Il est considéré comme impénétrable.

– Mais pour nous, c'est du gâteau, hein, frérot ? demanda Dru.

– Ce n'est pas aussi facile que voler des sucettes...

Gru appuya sur un bouton sur le côté du tableau, et le schéma se transforma en une vue 3D du repaire. Dru attrapa un bol de pop-corn sur la table et commença à en engloutir des poignées. « Ouah ! »

Gru dessina des missiles et des canons sortant des flancs de la tour. Un zoom arrière offrit une vue d'ensemble, qui révéla des avions de chasse approchant de part et d'autre. Ils furent détruits en seulement deux tirs.

– Ce système de sécurité est capable de détecter des attaques aériennes venant de toutes les directions, expliqua Gru. Il faudra qu'on approche à basse altitude, au ras de l'eau.

Gru dessina un bateau à moteur avec un homme à l'intérieur. Le tableau noir l'anima : il fila sur l'océan en contrebas du repaire de Balthazar. L'homme avait l'air content, serein même.

– Il y a aussi ces pointes mortelles, continua Gru, en indiquant un ensemble de pointes dépassant de l'eau. Hormis la possibilité de se faire empaler, leur poison fait des dégâts considérables.

L'homme fut soudain éjecté du bateau. Il heurta violemment une pointe et son corps explosa. « Geronimo ! », cria-t-il alors que sa tête était catapultée dans les airs. « Aïe ! »

Dru s'arrêta de manger son pop-corn.

– C'est bon à savoir, dit-il.

– Voici le plan, reprit Gru. Toi, tu es le pilote du bateau, ta mission est d'attendre, pour nous permettre de prendre la fuite.

– Attends une minute, dit Dru en fronçant les sourcils. Attendre dans le bateau ? Mais je veux être au cœur de l'action !

– Dru..., commença Gru, s'appliquant à présenter les choses favorablement. Le chauffeur est la clé de voûte de tout braquage. Sais-tu à quel point c'est difficile de ne rien faire, de ne toucher à rien, avec toute cette adrénaline qui circule dans les veines... et pourtant tu dois attendre. Je peux compter sur toi ?

Gru observa Dru, espérant que ce qu'il venait de dire fasse son chemin. *Rien.* Ne rien faire. Ne rien toucher. *Absolument rien.* Il ne pouvait pas prendre le risque que Dru gâche le plan.

Son frère croisa les bras sur sa poitrine.

– Oui, je suppose.

– Alors, j'escaladerai le cube, et je rentrerai là, dit Gru, en dessinant une flèche pointant vers le Rubik's Cube. Une fois à l'intérieur, je me débrouillerai pour trouver le diamant. J'ai sous-estimé Balthazar Bratt autrefois. Ça ne sera pas facile.

– Je crois qu'on va bien s'en tirer, dit Dru en souriant. Il se pencha en avant et appuya sur un bouton sur la table. Deux costumes de super-héros apparurent. « Les costumes de super-méchant de Papa ! »

Gru et Dru se précipitèrent pour les enfiler. Les costumes recouvraient tout leur corps, sauf leur bouche et leurs yeux. Celui de Gru était noir avec passepoils dorés le long des coutures. Celui de Dru était identique, mais en blanc.

– Parés pour l'action ! annonça Gru.

CHAPITRE 16

Gru la poyak ! Gru la cogaf ! Go, go, go ! Eh, Peter… c'est pa la ! dit Mel aux Minions rassemblés autour de lui.

– Ah, okay ! Okay ! répondirent-ils.

Les Minions parcouraient la prison à la recherche de quelque chose qu'ils pourraient utiliser. Ils semaient la pagaille partout où ils passaient. L'un d'eux vola un ventilateur dans le bureau d'un garde. Des cuvettes de toilette s'échappaient de leur cabine, l'une d'entre elles avec un homme encore assis dessus.

Les Minions rassemblaient des fournitures pour construire une machine qui leur permettrait de s'évader. Il fallait maintenant l'assembler. Trois Minions retournèrent une baignoire, pendant qu'un autre vissait une cuvette de toilette sur une plateforme. Une caméra de sécurité surveillait la zone. Dissimulés dans une machine à laver, des Minions se déplaçaient, suivis par d'autres, cachés dans divers gros objets. Ils s'immobilisaient sur place lorsque la caméra se braquait sur eux, puis se remettaient en route dès qu'elle reprenait son balayage.

Tous ensemble, les Minions fabriquaient une machine volante. L'un d'eux fut électrocuté, ce qui alluma ses yeux comme des phares derrière ses lunettes. D'autres volèrent des paniers à linge et cousirent ensemble leurs uniformes de prison pour faire une grande voile. Ils se servaient du Minion aux yeux lumineux pour s'éclairer.

Les Minions hissèrent un sèche-cheveux sur la machine. La machine volante était terminée. Ils étaient prêts.

– Bello ! Bello ! Bello ! dit le Minion habillé en steward, souhaitant la bienvenue aux passagers qui montaient à bord. Puis il prodigua les instructions de sécurité.

– Pull le mikola mi coden. Pursoo le mikodela..., dit-il, mais avant d'avoir pu finir, son gilet de sauvetage se gonfla tellement qu'il ne put plus dire un mot.

Mel lança le moteur et gonfla les voiles. Un autre Minion guida la machine vers l'aire de décollage en courant à côté, mais la machine s'éleva soudain dans les airs, l'abandonnant seul dans la cour de la prison.

Mel scrutait le ciel devant eux. Enfin, ils allaient retrouver leur chef.

CHAPITRE 17

Édith s'efforçait de stabiliser le caméscope. Elle filmait la Forêt tordue en panoramique, ses arbres, ses rochers et ses montagnes.

– Nous voilà dans la sombre et mystérieuse Forêt tordue, à la recherche de la licorne mythique, pour une raison que j'ignore, dit-elle.

Elle dirigea le caméscope sur Agnès, qui marchait devant elle en fouillant les arbres des yeux, à la recherche du moindre signe de la présence d'une licorne.

– Et voici notre intrépide chasseuse de licorne, poursuivit Édith. Elle est en train de cher—

– Arrête, dit Agnès. Tu vas faire peur à la licorne !

– Si on trouve vraiment une licorne, je vais la filmer et je vais faire fortune, répondit Édith.

– Là-bas ! dit Agnès en indiquant une clairière quelques mètres plus loin. Un rayon de lumière perçait le feuillage des arbres, éclairant une petite colline herbeuse, une mare et une cascade. Un arc-en-ciel traversait le ciel. Cela ressemblait à un conte de fées.

Agnès courut et s'arrêta dans la lumière du soleil.

C'est là ! cria-t-elle. C'est là qu'on va la voir ! Licornes, nous voilà !

Agnès vida son sac à dos par terre, et forma un tas de guimauves, de réglisse, de sucettes et de chocolats.

– Pourquoi tu fais ça ? demanda Édith.

– C'est des appâts ! On n'a plus qu'à attendre.

Agnès prit la main d'Édith et l'entraîna derrière un gros rocher.

Quelques heures plus tard, Édith et Agnès étaient

toujours cachées derrière leur rocher. Chaque fois qu'Édith essayait de se lever, Agnès insistait pour rester un peu plus longtemps. Elle était sûre qu'une licorne finirait par arriver.

Édith bâilla. Elle adorait Agnès, mais combien de temps est-ce qu'il allait encore falloir attendre ?

– On peut y aller ? demanda-t-elle.

– Oh, déjà ? dit Agnès. Encore quelques heures !

– Il faut qu'on soit rentrées avant qu'il fasse noir, tenta Édith. En plus, j'ai mis du poil à gratter dans le tiroir à sous-vêtements de Fritz et je ne veux pas rater le dénouement.

Agnès regarda le tas d'appâts au milieu de la clairière. Il n'avait pas bougé.

– Je ne comprends pas, dit Agnès en soupirant. J'ai fait exactement comme le monsieur avait dit.

Édith réfléchit et choisit ses mots avec soin.

– Tu veux dire, ce borgne balafré dont tout le monde se moquait ? Écoute Agnès, peut-être que nous n'allons...

Avant qu'elle ait pu finir sa phrase, il y eut un bruissement dans les fourrés. Quelque chose, là-dedans, se dirigeait vers les appâts. Agnès fixait un buisson tout proche. Il y avait quelque chose là-derrière... quelque chose avec une fourrure blanche.

– Toute ma vie, j'ai attendu ce moment ! murmura-t-elle.

Soudain, une chèvre surgit du buisson. Une petite chèvre blanche, qui n'avait qu'une seule corne.

– Heu, commença Édith. C'est une...

– Licorne ! cria Agnès. Elle se précipita vers la petite chèvre et la serra dans ses bras. « Je n'arrive pas à y croire ! Je vais t'appeler Lucky ! »

La chèvre lui lécha le nez. Édith ouvrit la bouche pour expliquer que ce n'était pas une licorne, qu'en fait c'était une chèvre avec une seule corne, que les licornes n'existaient pas, mais elle vit le visage d'Agnès. Elle ne l'avait jamais vue aussi heureuse.

– Ouais, dit-elle tout bas pour elle-même, alors qu'Agnès enserrait le cou de l'animal. Je vais laisser à quelqu'un d'autre le soin de gâcher son plaisir...

CHAPITRE 18

La sonnette retentit à la porte de Dru. Lucy vint ouvrir. Le petit Freedonien du festival du fromage était debout sur le seuil. Il tenait dans ses bras un porcelet.

– Bonjour, mère de Margo, dit-il. Je suis Niko. Je vous offre un petit cochon pour confirmer mes fiançailles avec votre fille.

Lucy partit d'un grand éclat de rire, puis devint subitement sérieuse.

– Heu... quoi ? dit-elle.

Margo s'approcha derrière elle et aperçut Niko.

Il leva un sourcil et sourit.

– Salut, mon canard en sucre, roucoula-t-il.

– Haaa ! Hé ! cria Margo en reculant d'un pas.

– Il a l'air de penser que vous êtes fiancés, expliqua Lucy.

– Quoi ? Nous ne sommes pas fiancés ! s'exclama Margo.

– Mais tu as mordu une bouchée de mon fromage de fiançailles ! dit Niko.

– Mais je ne savais pas que c'était du fromage de fiançailles ! répondit Margo. Et d'ailleurs, comment ça peut exister, du fromage de fiançailles ?

Elle se tourna vers Lucy, les sourcils levés comme pour dire *Au secours !* Lucy savait que techniquement, c'était de sa faute. Si elle n'avait pas insisté pour que Margo monte sur la scène au festival du fromage, ceci ne serait jamais arrivé.

– Écoute, Niko, dit Lucy. Tu as l'air d'être

un très gentil garçon. Avec un très joli cochon. Mais vous n'êtes pas fiancés, d'accord ?

Les épaules de Niko s'affalèrent.

– Je comprends. Qu'est-ce que j'espérais ? Un balourd comme moi avec une déesse comme toi ? Mais je te promets : je ne t'oublierai jamais, Margo. Jamais.

Il fit demi-tour et s'en alla en laissant le cochon.

– Oh, moi aussi je crois que je ne vais pas t'oublier, dit Margo alors que la porte se refermait.

Lucy soupira.

– Ouah, hallucinant ! dit-elle. *Waouh !*

– C'était humiliant ! répondit sèchement Margo. Je n'ai jamais rien fait d'aussi stupide de ma vie que de manger ce bout de fromage. Pourquoi est-ce que je t'ai écoutée ?

– Bon, c'est fini maintenant, donc...

Toc-toc-toc !

Lucy se retourna vers la porte. Combien de fois

il fallait le dire à ce gosse ? Pas de fiançailles. Jamais. Ça n'arriverait pas.

Elle ouvrit la porte. Niko était à côté d'une grosse femme à l'air furieux qui portait un bébé.

– Vous ! cria la femme. Vous refusez le cochon de fiançailles de mon fils ? Puissiez-vous mourir, vous et votre fille, d'une mort lente et être enterrées avec des oignons !

Elle cracha par terre. Le bébé cracha par terre.

– Madame, dit Lucy qui en avait assez entendu. Maintenant, ça suffit ! Je sais que nous sommes des visiteurs, et que votre pays a des traditions déjantées, mais personne – personne ! – ne maudit ma fille ! Compris ?

Lucy planta son index dans la poitrine de la dame, la faisant reculer hors du porche.

– Si vous vous en prenez à Margo, cria-t-elle, vous me trouvez moi ! Et je vous promets que vous n'avez pas envie de me trouver ! *Vous comprenez ?*

– Oui, oui, dit la mère de Niko en prenant ses jambes à son cou.

Lucy se retourna vers Margo, ne sachant pas bien quoi dire. Tout était de sa faute. Margo avait entièrement raison d'être furieuse, et si elle ne lui adressait plus la parole pendant une éternité, elle l'aurait bien mé—

Margo jeta ses bras autour de Lucy, la serrant très fort. Lucy fut d'abord surprise, puis elle prit sa fille dans ses bras, l'enlaçant étroitement. Elle avait attendu ce moment si longtemps. Elle sentait enfin que Margo l'aimait autant qu'elle l'aimait. Elle avait l'impression d'être une maman.

Lucy était en train de penser qu'elle pourrait rester comme ça éternellement, quand Margo se dégagea. Elle courut dans sa chambre sans dire un mot.

Lucy resta sous le porche, abasourdie.

– Je suis une maman, dit-elle à haute voix, puis elle sourit. Il faut que je le dise à Gru !

Elle s'apprêtait à rentrer dans la maison, lorsqu'elle entendit le bruit d'un moteur qui démarrait. Elle regarda en direction de l'océan et vit Gru et Dru dans le bateau de Dru. Ils fonçaient sur l'eau.

Qu'étaient-ils en train de faire ? Pourquoi Gru ne lui avait pas dit qu'ils allaient quelque part ? Et pourquoi diable portaient-ils des combinaisons en élasthanne ?

– Fritz ! appela-t-elle en fouillant la maison à la recherche du majordome. Hohé ! Fritz !

CHAPITRE 19

Le bateau fusait sur l'eau. Gru était aux commandes, le vent soufflait sur son visage. Ils approchaient du repaire de Balthazar Bratt.

– Énorme ! cria Dru. Deux frères qui partent en braquage. Ce diamant va faire de nous les méchants les plus riches et les plus puissants du monde ! N'est-ce pas frérot ?

– Bien sûr, répondit Gru sans conviction. Il pensait à son véritable plan, qui consistait à remettre le diamant à l'AVL. Il pouvait déjà voir le visage suffisant de Valerie.

– On y est ! dit Gru, changeant de sujet. Il désigna la tour qui s'élevait au milieu de l'eau. Des pointes dentelées affûtées comme des rasoirs saillaient tout autour de la base de la forteresse.

– J'y vais. Prends le volant, dit Gru.

– Je ne vois toujours pas pourquoi je ne t'accompagnerais pas, dit Dru.

– Hé, on a déjà parlé de ça. Ce n'est pas le moment de chambouler le plan.

Gru appuya sur un bouton du tableau de bord et *BOING !* Il s'éjecta du bateau et s'envola vers la tour. Sur les commandes à son poignet, il parcourut différents modes et arrêta son choix sur COLLANT. En atteignant le bâtiment, il était collant comme de la glu. Son costume adhérent lui permettait d'escalader la tour.

Il était en pleine ascension quand Dru accosta en catastrophe, s'écrasant tête la première contre le bâtiment.

– Salut frérot, marmonna-t-il.

– Qu'est-ce que tu fais ? cria Gru. Je t'avais dit de rester dans le bateau !

– Mais je ne pensais pas que c'était à prendre au pied de la lettre, répondit Dru.

– Mais comment est-ce que ça peut s'interpréter autrement ? demanda Gru. Il soupira profondément, sachant qu'il était désormais trop tard. Dru était là, il fallait faire avec.

– C'est bon. Allons-y. Suis-moi.

Dru leva une main et commença immédiatement à dégringoler vers les pointes.

– Au secours ! cria-t-il. Houlala, ho non ! Les pointes empoisonnées ! Je vais m'empaler !

Dru continua sa chute et s'arrêta à quelques centimètres d'une pointe.

– Ouf ! s'exclama-t-il, réalisant qu'il était encore en vie. Je vais bien !

– Monte ! dit Gru, escaladant le flanc du bâtiment.

Dru se dépêcha de rattraper son frère. Mais le robot de surveillance avait détecté une anomalie.

Son témoin lumineux rouge clignotait alors qu'il fondait sur Dru.

– C'est un dispositif de scanning ! lança Gru. Vite ! Mode camouflage !

Dru appuya sur un bouton à son poignet, faisant défiler tous les modes. Plongée, non. Armure, non. Flamme, non. Il passa en mode camouflage juste au moment où le robot le survolait.

– Ne bouge plus ! cria Gru. Ferme les yeux. Et la bouche. N'oublie pas la bouche.

Dru obéissait. Il s'efforçait de rester parfaitement immobile alors que le robot scannait le flanc du bâtiment, essayant de détecter une présence. Gru observait la scène, dans l'expectative, inquiet. Est-ce que c'était la fin ? Allaient-ils être pris avant d'avoir pu pénétrer à l'intérieur ?

Il retint sa respiration, et le robot de surveillance finit par s'éloigner. Il décrivit un grand cercle autour de la tour. Gru entrevit une opportunité.

– Prends ma main ! cria-t-il.

Ils grimpèrent de concert en direction d'une étroite corniche à mi-hauteur. Gru appuya sur un bouton au creux de sa main et sa combinaison se remplit d'une bulle d'air qui ressemblait fort à un pet. Il se mit à flotter dans les airs, son costume gonflé comme un ballon d'hélium.

– Suis-moi ! cria-t-il à Dru, qui enfonça son propre bouton.

Gru passa en mode « collant » pour adhérer à la paroi. Il se trouvait à l'entrée du repaire, une petite ouverture située au sommet, juste assez grande pour s'y glisser. Gru s'apprêtait à entrer lorsqu'il vit Dru foncer vers lui en dérivant, totalement hors de contrôle. On aurait dit un ballon de baudruche lâché sans faire de nœud au bout. Tout l'air s'échappait de sa combinaison et il effectuait des loopings invraisemblables.

– Attention ! cria-t-il en heurtant Gru à pleine vitesse.

Les deux frères furent projetés en culbutant dans l'ouverture du repaire.

CHAPITRE 20

Ils se cognèrent et rebondirent dans la conduite d'aération, au fil d'une chute vertigineuse. *BLAM !* Ils frappèrent violemment le sol, l'air de leurs poumons s'expulsant d'un seul coup. Ils restèrent affalés, mal en point.

– On est entrés ! dit Dru au bout d'un moment.

Gru jeta un coup d'œil à l'écran de son poignet. C'était un radar qui indiquait l'emplacement du diamant.

– Allons-y, grommela-t-il. Par ici.

Gru rampa aussi vite qu'il le put en direction du diamant.

– Ha, enfin ! Apparemment, il est juste au-dessus de nous.

– Okay ! dit Dru. Qu'est-ce que je fais ? J'attends dans la conduite d'aération ?

– Non, répondit Gru. Viens avec moi.

Gru grimpa pour s'extraire de la conduite. Ils étaient arrivés dans ce qui semblait être la chambre à coucher de Balthazar Bratt. Gru réalisa soudain que Dru s'était assis... au pied du lit de Balthazar. Celui-ci portait un masque de sommeil et ronflait en serrant le diamant dans ses deux mains.

– J'aimerais remercier l'Académie, murmurait Balthazar. Oui, oui, Molly Ringwald. Je t'emmènerai au bal de promo.

Gru attrapa Dru et l'éloigna du lit. Puis il tendit la main pour prendre le diamant. Dru bouscula son frère pour saisir lui aussi la pierre. Ils commencèrent à lutter.

– Allons-y... non, non ! marmonna Gru en essayant de se dégager de l'étreinte de son frère.

– Je peux le faire ! insista Dru.

– Non, non, non, non, non ! Ne fais pas ça ! le gronda Gru.

Ils luttaient d'avant en arrière, jusqu'à ce que Dru monte sur un jouet qui traînait par terre, qui klaxonna à toute force. L'alarme de Balthazar se déclencha.

– Que... Qui est là ? Balthazar arracha son masque de sommeil.

Dru et Gru roulèrent sous le lit. Ils retinrent leur respiration en espérant que Balthazar ne les remarquerait pas. Il ne les vit pas, mais il était maintenant debout, bien réveillé, et il déambulait dans le repaire. Il prit le diamant et s'éloigna en marchant lentement.

Lorsqu'ils furent certains que Balthazar avait quitté la pièce, Gru et Dru se levèrent et se coulèrent dans le couloir. Celui-ci était bordé d'innombrables étagères de figurines vintage à l'effigie de Balthazar Bratt. C'était des figurines des années 1980, avec un costume violet et des yeux lumineux rouges.

– Des jouets ? demanda Gru en réalisant qu'il s'agissait des produits dérivés de l'émission de Balthazar. On dirait que Balthazar était le seul à être assez bête pour acheter cette camelote.

– Hé, dis donc ! dit Dru en prenant un personnage. J'en ai eu un comme ça ! *Piou piou piou ! Aaah ! Ouille !*

Dru avait malencontreusement activé le rayon laser de la figurine. Aveuglé, il lâcha le jouet qui tomba au sol.

– Hé ! *Chut !* Viens ! dit Gru. Il continuait d'avancer, en faisant signe à Dru de le suivre dans le laboratoire de Balthazar Bratt. Lorsqu'ils quittèrent la pièce, les yeux de la figurine se mirent à rougeoyer.

Dans le laboratoire, du chewing-gum rose bouillonnait dans une immense cuve.

– Du chewing-gum ! dit Dru en mettant un bout dans sa bouche.

– Hé ! Concentre-toi ! grogna Gru. On cherche un diamant, pas du chewing-gum !

Ils s'approchèrent d'une autre porte d'où s'élevaient des voix. Gru se glissa derrière une caisse, suivi de près par Dru. Ils jetèrent un œil à l'intérieur de la pièce.

Balthazar et son robot Clive contemplaient une figurine géante de Balthazar Bratt. Elle mesurait trente mètres de haut et ses yeux rougeoyaient. Une échelle était appuyée contre sa tête.

– Et maintenant, mets ça à sa place, dit Balthazar en tendant le diamant Dupont.

Gru se pencha pour mieux voir, mais Dru, derrière lui, émettait des bruits de gargouillement.

– Veux-tu bien t'arrêter ?! ordonna Gru. Il va nous repérer.

Il se retourna et vit que Dru se tortillait de douleur. Le chewing-gum que Dru avait goûté était du même type que celui qu'avait utilisé Balthazar sur le pétrolier. Il gonflait dans la bouche de Dru et sortait à présent par son nez. Gru essaya de l'extraire, mais sa main resta collée.

– Crache-le, chuchota Gru. Crache-le ! Je t'avais dit de ne toucher à rien !

Gru passa derrière Dru pour lui faire la manœuvre de Heimlich. Clive détecta cette agitation.

– Des intrus ! cria le robot. Des intrus !

Balthazar entra en courant dans le laboratoire et pointa sa Keytar sur eux.

– Gru ! ricana-t-il, puis il se tourna vers Dru. Tu t'es dédoublé ? Eh bien, ça va être deux fois plus marrant !

Gru enfonça son poing dans le ventre de Dru, en appuyant fort pour expulser le chewing-gum coincé dans sa gorge. Le chewing-gum voltigea et heurta Balthazar et Clive, les collant au mur.

Gru traversa la pièce en courant, saisit le diamant, et se dirigea vers la porte.

– *Aaaaah !* hurla Balthazar, essayant de se dépêtrer du chewing-gum. Rendez-moi mon diamant ! Fermeture automatique des portes ! Attrapez-les !

Des alarmes hurlaient. Des lumières clignotaient. Une par une, les figurines de super-méchant d'*Evil Bratt* s'animèrent et descendirent le mur, les yeux rougeoyants. Elles se mirent en chasse de Gru et Dru.

– Elles vont nous attraper ! cria Dru, paralysé. Elles vont nous attraper !

– Cours ! cria Gru. Ils foncèrent le long du couloir, les figurines à leurs trousses. Gru repéra une porte et plongea, la défonçant. Gru et Dru se retrouvèrent sur la corniche, à l'extérieur.

Toutes les armes du repaire entraient en action. Des lanceurs de missiles surgissaient de tous les côtés du bâtiment. D'autres pointes émergèrent de l'eau. Les alarmes hurlaient toujours. Gru examina la paroi et réalisa qu'ils étaient coincés. Il n'y avait aucun moyen de quitter la corniche, et l'armée de figurines fondait sur eux.

– Oh non ! dit Gru, se rendant compte que leur situation était désespérée.

– *Oh, non* ? demanda Dru, paniqué. Mais qu'est-ce que ça veut dire ? *ON VA MOURIR ?? ON VA MOURIR ?? ON VA MOURIR !!*

Gru scruta les alentours. Pour une fois, Dru avait raison. Ils étaient pris au piège. Aucune échappatoire. Gru s'était déjà retrouvé dans des centaines de situations horribles, mais jamais à ce point.

Un son étrange se mêlait au hurlement des sirènes. Dans le lointain, Gru pouvait entendre le *woup woup woup* d'un hélicoptère. Il se retourna et vit l'hélicoptère rouge de Dru qui arrivait sur eux, juste à la bonne hauteur pour qu'ils puissent s'y hisser.

Il se retourna pour regarder à l'intérieur du bâtiment. L'armée de figurines était toute proche et avançait en braquant ses armes sur eux. Il n'y avait plus de temps à perdre.

– Dru ! Gru ! cria Lucy depuis le cockpit. Elle piqua sur eux, s'approchant aussi près de la tour que possible. « Tenez bon ! »

Gru et Dru sautèrent dans l'hélicoptère et Lucy mit le cap sur l'océan, esquivant les missiles qui arrivaient du repaire. Personne ne dit un mot jusqu'à ce qu'ils se sentent en sécurité, la tour mauve géante disparaissant derrière eux.

– Merci de nous avoir sauvés ! dit Dru en fixant le diamant éblouissant. Regarde ! On a le diamant ! Et on va...

– L'apporter à l'AVL pour récupérer nos boulots ! dit Gru.

– Attends, *quoiiii ?* dit Dru, abasourdi. Ils étaient censés devenir ensemble des frères super-méchants. Deux frérots résolus à conquérir le monde.

– Formidable ! dit Lucy. Et la bonne nouvelle,

c'est que vous n'allez plus jamais rien faire dans mon dos sans me le dire ! C'est bien d'accord ?

– Okay d'accord, dit Gru. On a compris.

Gru contempla le diamant dans ses mains, se sentant mieux qu'il ne s'était senti depuis leur renvoi de l'AVL. Il avait peut-être commis des erreurs, il n'avait peut-être pas toujours été parfait, mais il avait vaincu Balthazar Bratt. Et même si son frère était déçu de rendre le diamant, Gru avait fait quelque chose dont l'AVL était incapable : il avait récupéré le diamant Dupont. Il avait gagné.

Il sourit en regardant l'océan.

– *J'ai gagné*, se répéta-t-il.